D1274381

Date: 9/1/17

SP J 591.47 BOR
Borth, Teddy,
Animales con escamas o espinas

PALM BEACH COUNTY
LIBRARY SYSTEM
3650 SUMMIT BLVD.
WEST PALM BEACH, FL 33406

Animales con escamas o espinas

Teddy Borth

LA PIEL DE LOS ANIMALES

Abdo
Kids

abdopublishing.com

Published by Abdo Kids, a division of ABDO, PO Box 398166, Minneapolis, Minnesota 55439.
Copyright © 2017 by Abdo Consulting Group, Inc. International copyrights reserved in all countries.
No part of this book may be reproduced in any form without written permission from the publisher.

Printed in the United States of America, North Mankato, Minnesota.

102016

012017

THIS BOOK CONTAINS
RECYCLED MATERIALS

Spanish Translator: Maria Puchol

Photo Credits: iStock, Shutterstock

Production Contributors: Teddy Borth, Jennie Forsberg, Grace Hansen

Design Contributors: Candice Keimig, Dorothy Toth

Publisher's Cataloging-in-Publication Data

Names: Borth, Teddy, author.

Title: Animales con escamas o espinas / by Teddy Borth.

Other titles: Scaly & spiky animals. Spanish

Description: Minneapolis, MN : Abdo Kids, 2017. | Series: La piel de los
    animales | Includes bibliographical references and index.

Identifiers: LCCN 2016947324 | ISBN 9781624026232 (lib. bdg.) |
    ISBN 9781624028472 (ebook)

Subjects: LCSH: Body covering (Anatomy)--Juvenile literature. | Skin--Juvenile
    literature. | Spanish language materials--Juvenile literature.

Classification: DDC 591.47--dc23

LC record available at http://lccn.loc.gov/2016947324

Contenido

Animales con escamas

¡Los animales tienen piel!

Hay muchos tipos de piel.

Algunos animales tienen escamas. Las escamas son duras. Algunas son **abultadas**, otras lisas.

armadillo

Los peces tienen escamas,

son **resbalosas**.

salmón

Las serpientes tienen escamas.

Las usan para moverse.

serpiente pitón

11

Las escamas de los caimanes parecen cuero.

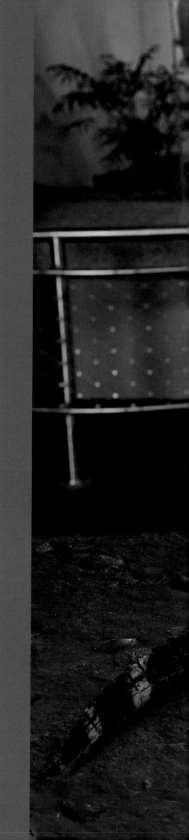

caimán

Animales con espinas

Algunos animales tienen espinas. Las espinas son puntiagudas.

lagarto diablo espinoso

15

¡Las espinas pueden hacer mucho daño! Pueden servir como **protección**.

puercoespín

El pez león tiene espinas.

¡Lo protegen para que

no se lo coman!

pez león

El erizo puede enrollarse y hacerse una pelota. ¡Es una pelota de espinas!

erizo

Otros animales con escamas o espinas

dragón de Komodo

polilla io

iguana verde

tortuga

Glosario

abultado
no liso, irregular.

resbaloso
suave y con brillo, escurridizo.

protección
algo que sirve para proteger.

23

Índice

abdokids.com

¡Usa este código para entrar en abdokids.com y tener acceso a juegos, arte, videos y mucho más!

Código Abdo Kids:
ASK4942